ストウブでお家中華

今井 亮

SDP
STARDUST・PICTURES

はじめに

本格的な中華料理というと油をたっぷり使って香辛料がピリリときいた濃厚味の料理が多いのですが、お家で作る場合は強い火力のガス台はないし、油をふんだんに使うというのもなかなか難しいですよね。

我が家には小さな子供がいるので、本格的な中華料理の味はまだ子供には少しハードルが高いため、家族全員が満足できる中華を試行錯誤しました。そして生まれたのが本書でご紹介するレシピ達です。

僕が考える「お家中華」は中華の味を活かしつつ、和と洋のエッセンスを取り入れた味わいの中華料理。例えばだし。中華調味料も使いますが、かつおだしの旨みも組み合わせて味に深みをプラスします。ナンプラーなどのエスニック調味料もレシピの中に潜ませています。レシピを見て「これって中華?」と思っても、食べるとしっかり中華、というのが「今井流お家中華」です。ストウブの鍋は素材のおいしさを引き出して、旨みをしっかりと閉じ込めてくれ、そのまま食卓に置いても違和感がないのでとても重宝します。

さらに、少ない素材で最大限に旨みを引き出し、ほとんどが3Stepで完成。忙しい日でも、人が集まるときでもさっと作れるようなレシピばかりなので、だれでも簡単に作れます。中華料理店とは一線を画した、まさにお家でしか味わえない中華。ぜひ、毎日の食事の中に取り入れて、中華のおいしさを楽しんでください。

今井亮

目次

第一章
おかず編

第二章
ご飯編

第三章
スープ編

◎ 大さじ1＝15㎖、小さじ1＝5㎖、1カップ＝200㎖、1合＝180㎖です。
◎ 電子レンジは600Wを使っています。500Wの場合は加熱時間を1.2倍にしてください。機種によって多少異なるので調整を。
◎ オーブンは電気オーブンを使っています。こちらも機種によって多少異なるので、様子を見て焼き時間の調整をしてください。
◎ 野菜は特に記載がない場合、皮をむく、ヘタを取る、洗うなどの下準備を行ってください。

1974年に有名シェフたちの要望を受けてプロ用の鍋としてフランスで誕生しました。今では有名レストランのみならず、一般の家庭でも広く使われています。「ピコ・ココット」という名称でラインナップされていますが、「ピコ」は蓋の裏側についた突起、「ココット」は鍋のことです。最大の特徴は鋳鉄製なのでずっしりと重く、熱伝導にすぐれ、保温性が高いこと。さらに食卓にそのまま置いても存在感のあるデザイン性です。

◎ ストウブの鍋の特徴

鍋の内側は黒マット・エマイユ（ほうろう）加工が施され、表面にザラザラした凹凸があります。この効果で油がよくなじみ、具材との接点が少ないので焦げつきにくいという利点があります。ご飯などは焦げつくことはなくふっくらと炊き上がり、最後に火を強めたらおこげを作ることもできます。

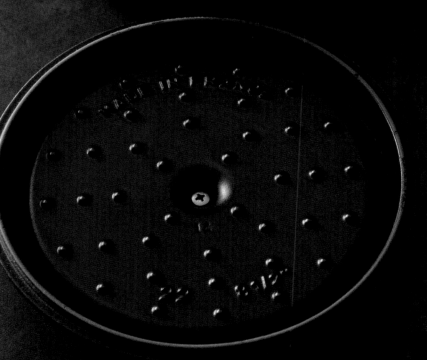

裏側にまんべんなくついた突起（ピコ）。火にかけると具材から出てきた旨みたっぷりの水蒸気が鍋の中で対流を起こし、水滴になってピコに伝わり、具材の上に降り注ぎます。これを繰り返すうちに、具材の凝縮された旨みを残すことなく含んでジューシーでおいしい料理に仕上げます。

◎ ストウブの鍋の種類

形は大きくラウンド（丸形）とオーバル（楕円形）に分けられ、ラウンドは10〜24cmまで2cm間隔で。オーバルは11cm、15cm、17cm、23cm、27cmがあります。色はブラック、グレー、チェリー、カンパーニュ、バジルグリーンなど豊富です。サイズによってない色もあるので注意を。キッチンの雰囲気に合わせて選ぶといいでしょう。

**本書では20cmのラウンドを
主に使いましたが、
22cmのラウンドでも
同じレシピで作れます。**

◎ 使うときに注意すること

ストウブの鍋を扱うときはいくつかの注意点があります。特に火にかけると、鍋全体が高温になるので、やけどには十分気をつけてください。

鍋つかみは
必須

鍋全体が高温になります。蓋を開けるときや鍋を移動するときは、鍋つかみや乾いたふきん、軍手を使ってください。

傷がつかない
調理器具を使う

金属製のものはキズがつきやすいので、耐熱性のゴムべらや木べらなど使ってください。

洗うときは
スポンジで

使ったあとは柔らかいスポンジで汚れを落としましょう。スチールたわしや磨き粉は×。洗ったあとは乾いたふきんで水気をしっかり拭いてください。

焦げつきが
ひどいときは重曹で

焦げた部分がつかるように水を入れ、重曹を大さじ2〜3を加えて火にかけます。沸騰したら火を止めてそのままおいておくときれいに取れます。

蒸し煮、蒸し焼き、無水調理ができる

具材から出た旨みが水分に溶け出し、旨みを含んだ水滴が降り注いで煮汁と具材が一体化します。

また少量の油でこびりつくことなく、焼く（炒める）ことができます。

油でコーティングしたあとは、具材から出る水分が旨みを引き出して具材全体に降り注ぎます。

素材の旨みを逃さない

具材の水分だけ、あるいは少量の水分を加えるだけで調理します。

具材本来の旨みを逃すことがないので具材の味をしっかりと味わうことができます。

ストウブだからおいしい

オーブンに入れられる

鍋は鋳鉄製で蓋のつまみは金属製なので、鍋ごとオーブンに入れて調理ができます。

ただし、直火やIH、電気プレートなどのあらゆる熱源に使えますが、電子レンジでは使えないので注意してください。

鍋が深いから具材が飛び散らない

ごろごろの具を混ぜたりするとき、鍋が浅いと具材が飛び出すことがありますが、深さがあるので安心して混ぜられます。

中華の秘密

第一章 おかず編

野菜、肉、魚を使ったレシピが満載です。どれも2〜3Stepでできるので、いつでもすぐに作れます。味の決め手になるのはたれやソース、調味液。素材の旨みと見事に調和して、おいしくいただけます。旨みを逃さないストウブだからこそ生まれる味を存分にお楽しみください。

玉ねぎの丸ごと蒸し｜Recipe — P.14

パプリカの蒸し焼き｜Recipe_P.15

ブロッコリーのオイル蒸し｜Recipe_P.15

13

玉ねぎの丸ごと蒸し

蒸し煮にすると玉ねぎの甘みがしょうがソースと一体化。
玉ねぎに切り込みを入れると中まで味が染み込みます。

材料と作り方　2〜3人分

玉ねぎ…3個
塩…小さじ1/2
水…1/2カップ

しょうがソース（混ぜ合わせる）

A
| しょうが（みじん切り）…2かけ
| しょうゆ…大さじ3
| 酢…大さじ2
| オイスターソース…小さじ1
| ごま油…小さじ1

1 玉ねぎは皮をむき、上下を横に少し切り落として半分ほど十字に切り込みを入れる。

2 鍋に玉ねぎを並べて切り口に塩をふり、分量の水を入れる。沸騰したら弱火で30〜35分加熱する。
＊途中で水がなくなったら少量足す。

3 竹串がスッとささる程度になったら取り出して器に盛り、Aをかける。

パプリカの蒸し焼き

パプリカは最初に焼いて
旨みを閉じ込めます。
ソースはマイルドですが、
あとからピリッ!

材料と作り方　2人分

パプリカ（赤、黄）…各1個
米油…大さじ1
水…大さじ2

ピリ辛ねぎソース（混ぜ合わせる）

A
| 万能ねぎ（みじん切り）…¼本
| マヨネーズ…大さじ3
| 豆板醤…小さじ½
| しょうゆ…小さじ1

1 パプリカは縦半分に切り、へたと種を除く。

2 鍋に米油とパプリカを入れて中火にかけ、皮目に焼き色がついたら皮目を上にして分量の水を加える。蓋をして弱火で3〜4分加熱する。

3 器に盛り、Aを添える。

ブロッコリーのオイル蒸し

酸味がきいたソースで
さっぱりといただけます。
ほかにじゃがいもや、
にんじん、玉ねぎなどの
野菜でもOK。

材料と作り方　2人分

ブロッコリー…1株（250g）
ごま油…大さじ1
水…大さじ2

酢みそソース（混ぜ合わせる）

A
| みそ…大さじ2
| 砂糖…大さじ1
| 酢…小さじ1
| 花椒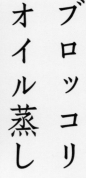（ミルで粉状に）…少々

1 ブロッコリーは小房に分け、芯は外側のかたい部分を切り落として、1cm幅の一口大に切る。

2 鍋にごま油とブロッコリーを入れて中火にかけ、分量の水を加える。蓋をして弱火で3〜4分加熱する。

3 器に盛り、Aをかける。

中華風肉じゃが

野菜に均等に火が入って食べやすい肉じゃが。
煮汁が野菜の隅々まで行き渡って箸が止まりません。

材料と作り方　2人分

鶏もも肉…1枚（300g）
米油…大さじ1
じゃがいも（半分に切って、
　それぞれ4等分に切る）…2個
玉ねぎ（1cm幅に切る）…1/2個
にんじん（乱切り）…1/2本
にんにく（みじん切り）…1かけ

調味液（混ぜ合わせる）

A | だし（右記参照）…1カップ
しょうゆ…大さじ2
砂糖…大さじ1
酒…大さじ1
豆板醤…小さじ1/3

絹さや（筋を取って斜め薄切り）…5枚

だしの取り方　作りやすい分量

昆布20gは表面をぬれぶきんで拭く。鍋に水5カップ（1ℓ）と昆布を入れて冷蔵庫に30分おき、弱火にかける。沸騰直前に削り節を加えて火を止め、3分ほどおく。ペーパータオルを敷いたざるに静かに流し入れてこす。

＊できあがり4カップ（800㎖）

1 鶏肉は余分な皮を取り除き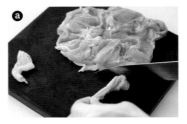、10等分に切る。

2 鍋に米油を中火で熱し、鶏肉を入れる。全体に焼き色がついたら、じゃがいも、玉ねぎ、にんじん、にんにくを加えてさっと混ぜる。Aを加え、沸騰したらアクを取り除く。蓋をして弱火で10分加熱する。

3 蓋を取って上下を返し、弱めの中火で3〜4分煮る。絹さやを加えてさらに1分煮る。

鶏スペアリブとれんこんの搾菜蒸し

Recipe _ P.20

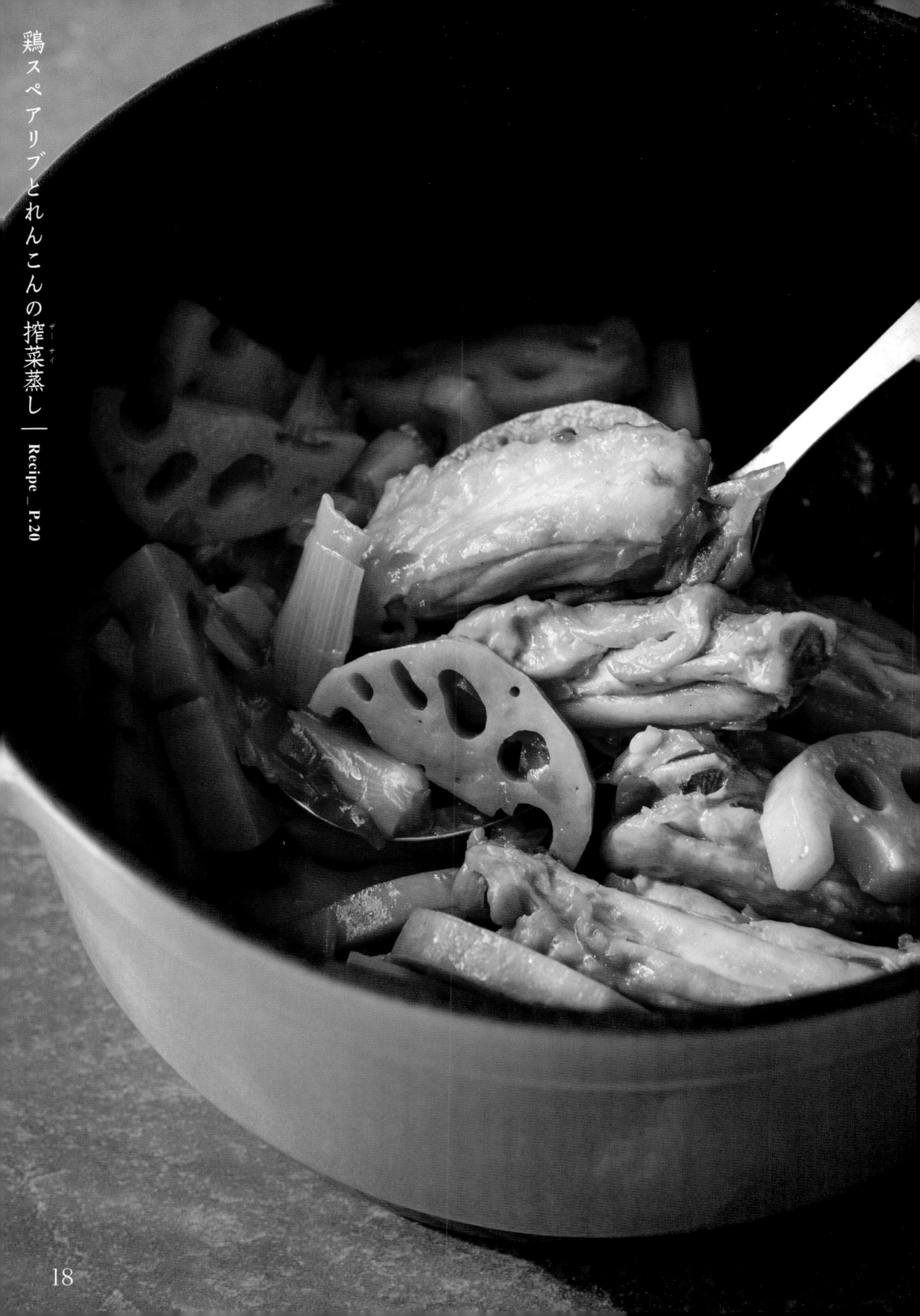

鶏スペアリブと
れんこんの搾菜蒸し

搾菜は味がついているので最小限の調味料でOK。
味が染み込んだれんこんの歯ごたえがたまりません。

材料と作り方　2人分

鶏手羽中…10本
れんこん…200g
長ねぎ（3cm幅に切る）…½本

搾菜だれ（混ぜ合わせる）

A
味つき搾菜 ⓐ
　（市販・粗みじん切り）…40g
しょうゆ…大さじ1と½
紹興酒（ショウコウシュ）…大さじ1
ごま油…小さじ1
砂糖…小さじ1
水…大さじ1

1 鶏肉は皮目を下にして骨に沿って切り込みを入れる ⓑ。れんこんは皮をむいて1cm厚さの半月切りにし、洗ってペーパータオルで水気を取る。

2 鍋に鶏肉、れんこん、長ねぎを入れ、Aを加えて中火にかける。沸騰したら蓋をして弱めの中火で10分蒸し煮にし、ひと混ぜする。

鶏手羽元とにんじんの黒酢赤ワイン煮

ワインの酸味でフルーティーな味わい。
酢の効果で肉が柔らかくなって食べやすいのがうれしい。

材料と作り方　2人分

鶏手羽元…6本
ごま油…小さじ2
にんじん（8cm長さのくし形切り）
　…大1本（200g）
玉ねぎ（みじん切り）…¼個
調味液（混ぜ合わせる）
　水…½カップ
　黒酢…大さじ3
A　赤ワイン…大さじ2
　しょうゆ…大さじ2
　砂糖…大さじ2

1 鶏肉は骨に沿って切り込みを入れる。

2 鍋にごま油を中火で熱し、鶏肉を入れる。焼き色がついたらにんじんと玉ねぎを加えてさっと炒め、Aを加える。沸騰したら蓋をして弱めの中火で10分煮る。

3 蓋を取って中火にし、ときどき混ぜながら③、煮汁に少しとろみがつくまで5分ほど煮る。

鶏むね肉と
キャベツの
にんにく蒸し

肉に片栗粉をまぶしているのでつるんとして食べやすい一品。
鶏肉の旨みが染み込んだキャベツがたっぷり食べられます。

材料と作り方　2人分

鶏むね肉…小1枚（200g）
塩…小さじ⅓
片栗粉…大さじ1
キャベツ（2等分のくし形切り）…¼個（300g）

調味液（混ぜ合わせる）

A
| 酒…大さじ2
| 水…大さじ2
| 塩…小さじ⅓
| にんにく（みじん切り）…1かけ

粗びき黒こしょう…少々

1 鶏肉は5mm厚さのそぎ切りにしてから1cm幅の細切りにし、塩と片栗粉をまぶす**ⓐ**。

2 鍋にキャベツを並べ入れて**ⓑ**、**1**をのせる。Aを回し入れて中火にかけ、沸騰したら蓋をして、弱めの中火で7～8分蒸し焼きにする。

3 器に盛り、粗びき黒こしょうをふる。

三杯鶏 サンベイジー (鶏もも肉のバジル煮)

三杯とはしょうゆ、酒、ごま油を合わせた料理のこと。
ピリ辛でパンチがあって、バジルの風味が豊かです。

材料と作り方　2人分

鶏もも肉…1枚(300g)
ごま油…大さじ1
玉ねぎ(1cm幅に切る)…½個
赤唐辛子(種を取って小口切り)…1本
にんにく(薄切り)…1かけ
しょうが(せん切り)…1かけ

調味液(混ぜ合わせる)

A

水…大さじ1	
しょうゆ…大さじ1と½	
酒…大さじ1	
酢…大さじ1	
砂糖…大さじ1	

バジルの葉…20g
＊茎から葉をちぎる。

1 鶏肉は10等分に切る。

2 鍋にごま油を中火で熱し、鶏肉を入れる。焼き色がついたら玉ねぎ、赤唐辛子、にんにく、しょうがを加えてさっと炒め、**A**を加える。

3 沸騰したら蓋をして弱めの中火で7〜8分煮る。蓋を取って中火にし、混ぜながら汁気がほぼなくなるまで飛ばしてバジルを加え**ⓐ**、ひと混ぜする。

豚肉の野菜巻き 香味だれがけ

キャベツのシャキシャキ歯ごたえが絶品。
片栗粉をふっているので肉の旨みを逃しません。

材料と作り方　2人分

キャベツ…3〜4枚
豚ロース薄切り肉…5枚
塩…少々
片栗粉…適量
米油…大さじ1

香味だれ（混ぜ合わせる）

A	長ねぎ（みじん切り）…¼本
	しょうが（みじん切り）…1かけ
	ナンプラー…大さじ1
	酢…大さじ1
	砂糖…小さじ2
	ごま油…小さじ1

1 キャベツは皿にのせてラップをし、600Wの電子レンジで1分半加熱して粗熱を取り、15cm長さの棒状に巻く **ⓐ**。

2 豚肉を縦に少しずつ重ねながら並べ、塩をふって**1**をのせ、きつく巻く **ⓑ**。片栗粉をふって余分な粉をはたく **ⓒ**。

3 鍋に米油を中火で熱し、**2**の閉じ目を下にして入れる。焼き目がついたら回して全体に焼き色をつける。蓋をして弱火にし、4〜5分蒸し焼きにする。食べやすい大きさに切って器に盛り、**A**をかける。

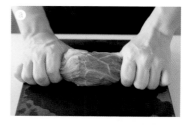

28

豚肉とチンゲン菜の蒸し炒め ── Recipe _ P.31

豚肉とブロッコリーのオイスター蒸し煮

肉に調味料をもみ込むのがポイント。
オイスターソースとカレー粉がアクセントです。

材料と作り方　2人分

豚肩ロース肉（しょうが焼き用）
　…200g

調味液（混ぜ合わせる）

A
- にんにく（すりおろす）… ½かけ
- オイスターソース…大さじ1
- 酒…大さじ1
- しょうゆ…小さじ2
- 砂糖…小さじ1
- カレー粉…小さじ¼

ブロッコリー…1株（250g）
水…大さじ2

1 豚肉は4等分に切ってボウルに入れ、**A**をもみ込む。ブロッコリーは小房に分け、芯は外側のかたい部分を切り落として**ⓑ**、1cm幅の一口大に切る。

2 鍋にブロッコリーを並べて分量の水を入れ、**1**の豚肉を調味液とともに加えて中火にかける。沸騰したら蓋をして3〜4分蒸し煮にし、ひと混ぜして器に盛る。

豚肉と
チンゲン菜の
蒸し炒め

チンゲン菜の茎の部分を蒸し焼きにして水分と旨みを引き出します。
最後に味を全体に絡めるだけ。あっという間にできます。

材料と作り方　2人分

豚切り落とし肉…200g
塩…小さじ¼
チンゲン菜…2株
米油…大さじ1

調味液（混ぜ合わせる）

A
| しょうゆ…大さじ1と½
| 紹興酒（ショウコウシュ）…小さじ1
| ごま油…小さじ1
| 砂糖…小さじ½

1 豚肉は塩をまぶす。チンゲン菜は3等分に切り、茎の部分は8等分のくし形切りにする **a**。

2 鍋に米油を中火で熱し、豚肉を2分ほど炒めてチンゲン菜の茎の部分を加え、さっと炒める。蓋をして **b**、2分蒸し焼きにする。

3 蓋を取ってスペースをあけ、Aを加えて **c** よく熱し、チンゲン菜の葉を加えて手早く炒め合わせる。

ウーロン茶風味の煮豚

口の中でとろけるほどしっかり煮込んだ煮豚。
中まで味が入っているのでご飯にのせてもおいしい。

材料と作り方　2人分

豚肩ロースかたまり肉(ネットつき)…500g
長ねぎの青い部分…1本分
ウーロン茶のパック …1パック(3g)
にんにく(薄切り)…1かけ
しょうが(薄切り)…1かけ

調味液(混ぜ合わせる)

A
水…3カップ
しょうゆ…大さじ3
酒…大さじ2
砂糖…大さじ2

1 鍋にたっぷりの水(分量外)と長ねぎを入れて中火にかけ、沸騰したら豚肉を加えて **ⓐ**、弱火で20分下ゆでして取り出す。

2 鍋をきれいに洗ってウーロン茶のパック、にんにく、しょうが、**A**、**1**の豚肉を入れて中火にかける。沸騰したらアクを取り除いてウーロン茶のパックを取り出す **ⓑ**。蓋をして弱火で45分、豚肉の上下を返して **ⓒ**、さらに30分煮る。

3 蓋を取って中火にし、煮汁が少なくなるまで絡めながら煮詰める。ネットをはずして食べやすい大きさに切り、器に盛って煮汁をかける。

豚肉とレンズ豆の豆豉煮 ── Recipe — P.36

35

豚肉と
レンズ豆の豆豉（トウチ）煮

すぐに火が入るレンズ豆を使ったカンタン煮物。
香菜がアクセントになっていくらでも食べられます。

材料と作り方　2人分

豚肩ロース肉…300g
米油…大さじ1
玉ねぎ（2cm角に切る）…½個
にんじん（2cm角に切る）
　　…⅓本（50g）
豆豉ⓐ（粗く刻む）…大さじ1

調味液（混ぜ合わせる）

A
｜　水…1カップ
｜　しょうゆ…大さじ1
｜　紹興酒（ショウコウシュ）…大さじ1
｜　砂糖…小さじ1
｜　塩…小さじ⅓

レンズ豆（皮つき）…80g
香菜（シャンツァイ）（ざく切り）…2枝

1 豚肉は1cm厚さに切るⓑ。

2 鍋に米油を中火で熱し、玉ねぎ、にんじん、豆豉を加えてさっと炒め、1、A、レンズ豆を加えるⓒ。沸騰したらアクを取り除いて蓋をし、弱めの中火で10分煮る。

3 蓋を取って中火にし、ときどき混ぜながらさらに3～4分煮る。香菜を加えてひと混ぜし、器に盛る。

牛すじと大根のみそ煮

柔らかく煮込んだ牛すじが口の中でとろけます。
牛すじの旨みと調味液が大根にしっかりと染み込んで深い味わい。

材料と作り方　2人分

牛すじ肉…250g
水…4カップ
酒…¼カップ
しょうが（薄切り）…1かけ
大根（1cm厚さのいちょう切り）
　…300g

調味液（混ぜ合わせる）

A | 水…1カップ
　| 甜麺醤（テンメンジャン）…大さじ1
　| みそ…大さじ2
　| しょうゆ…大さじ1
　| 砂糖…大さじ1

1 鍋に牛すじ肉とたっぷりの水（分量外）を入れて中火にかけ、沸騰したら10分ゆでてざるに上げる。水で洗ってアクを落とし、一口大に切る。

2 鍋に牛すじ肉と分量の水、酒、しょうがを入れて中火にかける。沸騰したらアクを取り除いて蓋をし、弱火で1時間30分ほど煮る。

3 大根とAを加えて、さらに30分煮る。蓋を取って煮汁が¼量くらいになるまで煮る。

白菜とひき肉の坦々鍋

ひき肉と白菜の旨みが煮汁に溶け出してたまらないおいしさ。
白菜をぎゅうぎゅうに詰め込むのがポイントです。

材料と作り方　2人分

豚ひき肉…300g
塩…小さじ1/2
片栗粉…大さじ1
白菜…1/4株

調味液（混ぜ合わせる）

A｜水…1カップ
　｜しょうゆ…大さじ1と1/2
　｜酒…大さじ1
　｜ごま油…大さじ1

白すりごま　大さじ3
ラー油…適量

1 ボウルにひき肉、塩、片栗粉を入れて粘り気が出るまで混ぜる**ⓐ**。

2 白菜は芯を切り落とし、一番外側の葉から順に**1**を広げて次の葉をのせ**ⓑ**、**1**を広げる、これを5枚ほど繰り返す。

3 **2**を鍋の高さの半分くらいに切って鍋に立てて入れ、余った白菜も同様に切ってすき間に詰める**ⓒ**。**A**を加えて中火にかけ、沸騰したら蓋をして弱火で10分煮る。仕上げに白すりごまをふり、ラー油を回しかける。

麻婆豆腐 <ruby>麻<rt>マー</rt>婆<rt>ボー</rt>豆腐</ruby>

ひき肉は焼きつけて香ばしさを出し、
水の量を極力少なくして大豆の風味を引き出しました。
にらがにんにく、しょうが、長ねぎの代打です。

材料と作り方　2人分

豚ひき肉…100g
米油…大さじ1

調味液（混ぜ合わせる）

A
| しょうゆ…大さじ1と½
| 豆鼓（みじん切り）…大さじ1
| 豆板醤…小さじ½
| 甜麺醤…小さじ1

木綿豆腐（2cm角に切る）…1丁
水…¼カップ

水溶き片栗粉

B
| 片栗粉…小さじ2
| 水…大さじ1

にら（小口切り）…½束

1 鍋に米油を中火で熱し、ひき肉を入れてカリッとするまで炒める 。Aを加えてさっと炒め、分量の水と豆腐を加えて  混ぜ、沸騰したら蓋をして弱火で5分煮る。

2 蓋を取ってBを加えて混ぜ、とろみがついたらにらを加えて 、強火にし、そのまま10秒ほど焼きつけてひと混ぜする。

スパイシーミートローフ

噛めば噛むほどスパイスの味が次々に出現。

何もつけずに食べられます。

お好みで粒マスタードをつけてもおいしいですよ。

材料と作り方 2人分

合いびき肉…400g

調味液（混ぜ合わせる）

A
卵…1個
にんにく（すりおろす）…1かけ
しょうゆ…大さじ1と1/2
紹興酒（ショウコウシュ）…大さじ1
塩…小さじ1
五香粉（ウーシャンフェン）…小さじ1
粗びき黒こしょう…小さじ1/2

玉ねぎ（みじん切り）…1/2個
にんじん（みじん切り）…1/3本
セロリ（みじん切り）…1/2本
生しいたけ（みじん切り）…3枚
粒マスタード（お好みで）
…適量

1 オーブンを200℃に予熱する。ボウルにひき肉とAを入れ、粘り気が出るまで混ぜる**ⓐ**。玉ねぎ、にんじん、セロリ、しいたけを加えてさらに混ぜる**ⓑ**。

2 鍋に直径20cmにカットしたオーブンペーパーを敷き、**2**を空気が入らないように詰めて**ⓒ**、平らにする。

3 蓋をして200℃のオーブンで**ⓓ**、30分焼き、蓋をはずしてさらに10分焼く。取り出して切り分け、器に盛ってお好みで粒マスタードを添える。

焼きあがり

いわしと花椒（ホアジャオ）の
オイル煮

材料と作り方　2人分

いわし…4尾
塩…小さじ2
にんにく（薄切り）…1かけ
しょうが（薄切り）…1かけ
花椒（ホール）…小さじ1
赤唐辛子（種を取る）…1本
A｜米油…1カップ
　｜ごま油…¼カップ
黒酢（お好みで）…適量

1 いわしは頭と内臓を取り除いて水で洗い、ペーパータオルで水気を拭いて塩をまぶし、冷蔵庫に30分おく。

2 冷蔵庫から取り出して再び水気を拭き、鍋に直径16cmにカットしたオーブンシートを敷いて頭と尾を交互に並べ入れる。にんにく、しょうが、花椒、赤唐辛子、Aを加えてごく弱火で1時間ほど煮る。

3 器に盛り、お好みで黒酢をかける。

香辛料と酸味がきいた煮汁が
いわしに染み込んで深い味わい。
いわしは皮がはがれやすいので、
オーブンシートを敷いて煮ましょう。

たらとカリフラワーのクリーム煮

煮汁がとろとろで濃厚。
カリフラワーは加熱してあるのですぐに火が通ります。
たらは焼くことで生臭さを消して香ばしさをプラス。

材料と作り方　2人分

たらの切り身…2切れ
カリフラワー…$\frac{1}{2}$株(150g)
米油…大さじ1
玉ねぎ(薄切り)…$\frac{1}{4}$個

調味液(混ぜ合わせる)

A
| 牛乳…1カップ
| 白ねりごま…大さじ1
| 酒…大さじ1
| 鶏ガラスープの素(顆粒)…小さじ1
| 塩…小さじ$\frac{1}{3}$
| 白こしょう…少々

水溶き片栗粉

B
| 片栗粉…小さじ2
| 水…大さじ1

1 たらは8等分に切る。カリフラワーは小房に分け、水にくぐらせて皿にのせ、ラップをして**ⓐ**、600Wの電子レンジで2分加熱する。

2 鍋に米油を中火で熱し、たらを入れて両面に焼き色をつけ**ⓑ**、玉ねぎを加えてさっと炒める。

3 カリフラワーとAを加え、沸騰したら蓋をして弱火にし、5〜6分煮てBを回し入れ、とろみをつける。

鮮魚の薬味蒸し

薬味の風味が全体の味を引き締めて鯛の旨みを引き立てます。
鯛は切り込みを入れて味が中まで入るようにし、長ねぎにのせて焦げつきを防ぎます。

材料と作り方　2人分

鯛の切り身…2切れ
長ねぎ…1本

A｜水…大さじ2
　｜酒…大さじ2

薬味（混ぜ合わせる）

B｜みょうが（小口切り）…2本
　｜青じそ（せん切り）…5枚
　｜貝割れ菜（3等分に切る）
　　　…1パック

たれ（混ぜ合わせる）

C｜しょうゆ…大さじ1
　｜ごま油…大さじ1
　｜ナンプラー…小さじ2
　｜砂糖…小さじ½

1 鯛は切り込みを1本入れる **ⓐ**。長ねぎは5cm長さに切ってから縦半分に切る **ⓑ**。

2 鍋に長ねぎの切り口を下にして敷き、鯛をのせて **ⓒ**、Aを加え、火にかける。沸騰したら蓋をし、弱めの中火で10分蒸し煮にする。

3 器に盛り、Bの薬味をのせてCをかける。

中華風アクアパッツァ

水分とごま油が鍋でぐつぐつ煮る間に乳化して、おいしさをそそるオレンジ色に。
具材の旨みも溶け出して深みのある味が堪能できます。

材料と作り方　2人分

金目鯛の切り身…2切れ
塩…小さじ⅓
あさり…150g
ごま油…大さじ1
にんにく（つぶす）…1かけ
ミニトマト（横半分に切る）…4個
A｜紹興酒（ショウコウシュ）…大さじ3
　｜水…大さじ2

1 金目鯛は塩をまぶして10分ほど冷蔵庫においてからペーパータオルで水気を拭く。あさりは殻をこすり合わせて洗う。

2 鍋にごま油とにんにくを入れて弱火で熱し、にんにくが色づいてきたら取り出し、金目鯛の皮目を下にして入れ、焼き色をつける。

3 あさり、ミニトマト、取り出したにんにく、Aを加えて中火にし、沸騰したら蓋をして10分蒸し煮にする。

たこのピリ辛トマト煮 | Recipe _ P.54

あさりとレタスのさっと蒸し｜Recipe＿P.55

53

たこのピリ辛トマト煮

やさしいピリ辛味と濃縮されたトマトの旨みが絶妙。
そのままはもちろん、中華めんやスパゲティと合わせても good !

材料と作り方　2人分

オリーブ油…大さじ2
にんにく（つぶす）…2かけ
豆板醤（トウバンジャン）…小さじ⅓
玉ねぎ（粗みじん切り）…¼個
ゆでだこ（大きめの一口大に切る）
　…300g
トマト缶（カット）…1缶（400g）
黒オリーブ漬け（種なし・半分に切る）
　…5個
塩…小さじ⅓
白いりごま…適量
ラー油…適量

1 鍋にオリーブ油とにんにくを入れて弱火にかけ、色づいてきたら豆板醤を加えてさっと炒める。玉ねぎを加えて透明になるまで炒め、ゆでだこ、トマト缶、黒オリーブ漬けを加えて混ぜる。沸騰したら蓋をして、弱火にし、30分ほど煮る。

2 塩で味をととのえ、器に盛って白いりごまとラー油をかける。

あさりとレタスの さっと蒸し

あさりの旨みがレタスに染み込んで激ウマ。
シャキシャキのレタスがたっぷり食べられます。

材料と作り方 2人分

あさり…200g
レタス…½個
ごま油…小さじ1

調味液（混ぜ合わせる）

A 紹興酒（ショウコウシュ）…大さじ1
水…大さじ1
オイスターソース…小さじ2
しょうゆ…小さじ1

しょうが（せん切り）…2かけ

1 あさりは殻をこすり合わせて洗う。レタスは大きめにちぎる**a**。

2 鍋にごま油を中火で熱し、あさりとA、しょうがを入れて**b**、蓋をし、3〜4分蒸す。あさりの口が開いたらレタスを加え、さらに1分蒸してさっと混ぜ、器に盛る。

蒸しかににら玉

炒めないにら玉。
ふわふわの食感がたまらない飲むにら玉としてどうぞ。
かに風味かまぼこで手軽に作れる一品です。

材料と作り方　2人分

卵…5個

調味液（混ぜ合わせる）

A
| しょうゆ…小さじ2
| オイスターソース…小さじ1
| ごま油…小さじ1

かに風味かまぼこ（ほぐす）…5本
にら（小口切り）…1束

だし（混ぜ合わせる）

B
| だし（P.16参照）…1カップ
| 塩…小さじ⅓

1 ボウルに卵とAを入れてよく溶き混ぜ、かに風味かまぼことにらを加えて**ⓐ**、混ぜる。

2 鍋にBを入れて強火にかけ、沸騰したら**1**の⅓量を入れて**ⓑ**、箸でよく混ぜ**ⓒ**、半熟になったら残りを2回に分けて同様にして加えて混ぜる。

3 蓋をして10秒ほど熱して火を止め、そのまま3〜4分おく。

飲茶もストウブなら激ウマ

せいろがなくても蒸し台があれば、
ストウブの鍋でふっくらジューシーなシュウマイが蒸しあがります。
蒸し台は鍋のサイズにあったものをネットや100円ショップなどで見つけてください。
手作りならではのシュウマイは絶品ですよ。

豚肉玉ねぎシュウマイ

材料と作り方　10個分

豚ひき肉…150g

合わせ調味料（混ぜ合わせる）

A	しょうが（すりおろす）…1かけ
	片栗粉…大さじ1
	しょうゆ…小さじ2
	オイスターソース…小さじ1
	酒…小さじ1
	ごま油…小さじ1
	砂糖…小さじ1/2

玉ねぎ（みじん切り）…1/4個
シュウマイの皮…10枚

冷めてもおいしくいただけるので
お弁当のおかずにもぴったり。

1 ボウルにひき肉とAを入れ、粘り気が出るまで混ぜ 、玉ねぎを加えてさらに混ぜる。

2 シュウマイの皮を手にのせ、1の1/10量を皮の4隅を残してスプーンの背でしっかりと密着させて広げる 。4隅を立ち上げて 、回しながら全体をまとめ 、側面を指でぎゅっと押さえて 、中央がこんもりとなるように形作る。

3 鍋に水（分量外）を入れて蒸し台を入れ 、2を並べ入れる。ふきんで包んだ蓋をのせ、強火で10分蒸す。

＊ ここで使った蒸し台は直径18cm（脚の高さ2cm）で100円ショップで購入したもの。鍋に入る大きさのものを選んで。

できあがったシュウマイは保存できます。粗熱を取ってからオーブンシートを敷いたバットに並べて冷凍し、かたまったら保存袋へ。冷凍庫で2週間ほど保存可能。食べるときはレシピの蒸す作業を同様に行えばおいしくいただけます。

ラム肉とクミンのシュウマイ

材料と作り方　10個分

ラム肉（焼き肉用）…100g
豚ひき肉…100g

合わせ調味料（混ぜ合わせる）

A	片栗粉…大さじ1
	クミンシード…小さじ1
	酒…小さじ1
	塩…小さじ1/2
	ごま油…小さじ1
	粗びき黒こしょう…少々

香菜^{シャンツァイ}（粗みじん切り）…2株
シュウマイの皮…10枚

ラム肉と香菜の
独特の風味が個性的。
ラム肉好きには
たまらないシュウマイです。

1 ラム肉は包丁で刻んでから粗めにたたく。ボウルにひき肉、ラム肉、Aを入れて粘り気が出るまで混ぜ、香菜を加えてさらに混ぜる。このあとは豚肉玉ねぎシュウマイの作り方2～3と同じ。

第二章　ご飯編

ストウブの鍋で炊いたご飯はふっくらツヤツヤ
で格別のおいしさ。ジャスミン米を使えばパラ
パラご飯もお手のものです。浸水した米は冷蔵
庫で冷やしてから火にかけるのがおいしく仕上
げるポイント。白ご飯から炊き込みご飯までい
ろいろなご飯の味を楽しんでください。

五目チャーハン

目からうろこの炒めないパラパラチャーハン。
でんぷんの少ないジャスミン米を使うのがポイント。
時間が経ってもべたつくことがありません。

材料と作り方　2人分

ジャスミン米（洗ってざるに上げる）…2合
焼き豚（5mm角に切る）…100g
なると巻（5mm角に切る）…½本
長ねぎ（粗みじん切り）…¼本

調味液（混ぜ合わせる）

A
水…1と½カップ
オイスターソース…大さじ1
しょうゆ…大さじ1
酒…小さじ2
ごま油…小さじ2
塩…小さじ⅓

卵（溶きほぐす）…2個

1 鍋にジャスミン米と焼き豚、なると巻、長ねぎを入れ、**A**を加える**ⓐ**。

2 蓋をして中火にかけ、沸騰したら弱火で10分煮て火を止める。卵を箸に沿わせて加え**ⓑ**、強火で10秒ほど加熱して火を止める。15分蒸らして混ぜる。

ルーローハン

白米の炊き方 2合分

米…2合
水…2カップ

1 米は洗ってざるに上げて、水気をきる。

2 ボウルに**1**と分量の水を入れて、冷蔵庫で最低30分浸水する。

3 鍋に移して蓋をし、中火にかける。蓋から蒸気が出始めたら弱火にして10〜12分、火を止めて15分蒸らす。蓋をあけてすぐに底から返してほぐす。蓋をしておく。

豚肉を細かく切って煮汁ごとご飯にかけた丼。
白ご飯の炊き方をここでマスターしておきましょう。

材料と作り方 2人分

豚バラかたまり肉(1cm角に切る)
　…300g
米油…大さじ2
長ねぎ(みじん切り)…½本
干し桜えび(粗く刻む)…5g
にんにく(みじん切り)…1かけ
しょうが(みじん切り)…1かけ
干ししいたけ(水で戻して軽く絞り、
　5mm角に切る)…3枚
水…2カップ

調味液(混ぜ合わせる)

A	干ししいたけの戻し汁 　…¼カップ しょうゆ…大さじ2 紹興酒(ショウコウシュ)…大さじ2 砂糖…大さじ1 オイスターソース…大さじ½ 五香粉(ウーシャンフェン)…小さじ½

小松菜…1束(200g)
ご飯(上記参照)…茶碗2杯分

1 鍋に米油、長ねぎ、干し桜えび、にんにく、しょうがを入れて中火で炒め、全体が色づいてきたら豚肉と干ししいたけを加えて、炒める。肉の色が変わったら分量の水を加える。

2 沸騰したらアクを取り除いて、**A**を加え、蓋をして弱火で30分煮る。蓋を取って中火にし、汁気が¼量くらいになるまで煮詰める。

3 小松菜は根元のかたい部分を切り落として洗い、鍋にたっぷりの湯を沸かして1分ほどゆで、冷水にとって水気を絞り、5cm長さに切って再び水気を絞る。茶碗にご飯を盛って**2**をのせ、小松菜を添える。

67

海南鶏飯
（ハイ ナン チー ファン）

鍋の中でジャスミン米に鶏肉の旨みがしっかり染み込みます。
いつでもすぐに作れるワンプレート。きゅうりなどを添えても OK。

材料と作り方　2人分

鶏もも肉…1枚（300g）
ジャスミン米（洗ってざるに上げる）
　　…2合
　　｜水…1と½カップ
A｜酒…大さじ1
　　｜塩…小さじ⅓
トマト（小さめの乱切り）…1個
パプリカ（黄・小さめのくし形切り）
　　…½個

調味液（混ぜ合わせる）
　　｜長ねぎ（みじん切り）…¼本
　　｜しょうが（みじん切り）…1かけ
B｜しょうゆ…大さじ2
　　｜酢…大さじ1
　　｜砂糖…大さじ1

ライム（お好みで）…適量

1 鶏肉は余分な脂を取り除く。鍋にジャスミン米とAを入れて鶏肉をのせ、蓋をして中火にかける。沸騰したら弱火にして10分、火を止めて15分蒸らす。

2 鶏肉は取り出し❶、米はほぐす❷。鶏肉を食べやすい大きさに切る。器にご飯を盛って鶏肉をのせ、トマトとパプリカを添えて、Bをかける。お好みでライムを搾る。

帆立貝柱の水煮の旨みと缶汁のだしが隠し味。
ここでは手軽に使える水煮缶を使いましたが、乾燥の帆立貝柱を使うといっそう中華風に。

材料と作り方　2人分

米…2合
A│水…1と¾カップ（350㎖）
　│酒…大さじ1
　│塩…小さじ½
鯛の切り身…2切れ
帆立の水煮缶…1缶（65g）
香菜、ディル…各適量
　シャンツァイ
ライム…適量

1 米は洗ってざるに上げ、水気をきる。ボウルに米とAを入れ、冷蔵庫で最低30分浸水させる。

2 鍋に**1**を入れ、帆立缶をほぐして汁ごと加え、鯛をのせる🅐。蓋をして中火にかけ、蓋から蒸気が出始めたら弱火にして10〜12分、火を止めて15分蒸らし、鯛の骨を取り除いて身をほぐしながら全体に混ぜる🅑。
＊ほぐすとき骨を取り除く。骨はかたいのでていねいに。

3 器に盛り、お好みで香菜とディルをのせ、ライムを搾る。

黒ごまキーマカレー

ねりごまたっぷりでパンチのある真っ黒カレー。
玉ねぎをしっかり炒めて、甘みと旨みを引き出します。
クミンシードが味のアクセント。

材料と作り方 2人分

合いびき肉…300g
米油…大さじ1
玉ねぎ（粗みじん切り）…½個
にんにく（すりおろす）…1かけ
しょうが（すりおろす）…1かけ

合わせ調味料（混ぜ合わせる）

A
| カレー粉…大さじ1
| クミンシードパウダー
| …小さじ1
| 豆板醤（トウバンジャン）…小さじ½

トマト缶（カット）
  …½缶（200g）

調味液（混ぜ合わせる）

B
| 甜麺醤（テンメンジャン）…大さじ1
| 黒ねりごま…大さじ2
| 黒すりごま…大さじ1

水…1カップ
塩…小さじ1
ご飯（P.64参照）…茶碗1杯分
花椒（ホアジャオ）（ミルで粉状に）…適量

1 鍋に米油を中火で熱し、玉ねぎを入れて焼き色がつくまで炒め、ひき肉を加えてさらにほぐしながら焼き色がつくまで炒める。

2 にんにくとしょうがを加えてさっと炒め、Aを加えて、1分ほど炒める。トマト缶を加えて混ぜ、弱火で5分ほど煮詰める。

3 Bを加えて混ぜ、分量の水と塩を加えてさらに混ぜる。沸騰したら蓋をしてときどき混ぜながら15分煮る。蓋を取って中火にし、汁気がほぼなくなるまで混ぜながら、5分ほど煮詰める。器にご飯を盛ってかけ、花椒粉をふる。

中華がゆ 3種

食べやすく、体にやさしいおかゆ。
どれもごま油で米と具材を炒めて煮たあと、
蓋をはずしてとろみがつくまでことこと煮ます。
米と具材の旨みが一体化した3種の味わいをどうぞ。

材料と作り方　各2人分

〈鶏肉〉

米… 1/2 カップ
ごま油…大さじ1
しょうが（みじん切り）
　…薄切り1枚
鶏もも肉（皮を取り除いて
　1cm角に切る）
　…小1枚（200g）
A｜水…4カップ
　｜酒…大さじ1
塩…小さじ 1/3
万能ねぎ（小口切り）… 1/4 束

1 鍋にごま油を中火で熱し、しょうがと米をさっと炒め 、鶏肉とAを加えて混ぜながら沸騰させる。蓋をして弱火で10分、蓋をはずして30分ほど煮る。米に火が通ってとろみがついてきたら、塩で味をととのえる。

2 器に盛り、万能ねぎをのせる。

〈えび〉

えび…100g
ごま油…大さじ1
干し桜えび（みじん切り）…5g
米… 1/2 カップ
にんじん（すりおろす）…30g
B｜水…4カップ
　｜酒…大さじ1
塩…小さじ 1/3

1 えびは背わたを取り除いて片栗粉、塩各少々（各分量外）をふってもみ 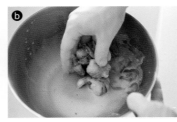、汚れを落として水洗いし、ペーパータオルで水気を取って粗く刻む。

2 鍋にごま油を中火で熱し、えび、干し桜えび、米を入れてさっと炒め、にんじんとBを加えて混ぜながら沸騰させる。蓋をして弱火で10分、蓋をはずして30分ほど煮る。米に火が通ってとろみがついてきたら、塩で味をととのえて器に盛る。

〈野菜〉

米… 1/2 カップ
大根（1cm角に切る）…150g
ごま油…大さじ1
C｜水…3カップ
　｜だし（P.16参照）…1カップ
　｜酒…大さじ1
クレソン（1cm幅に切る）…1束
味つき搾菜
　（市販・みじん切り）…40g
塩…小さじ 1/3

1 鍋にごま油を中火で熱し、米と大根を入れてさっと炒め 、Cを加えて混ぜながら沸騰させる。蓋をして弱火で10分、蓋をはずして30分ほど煮る。米に火が通ってとろみがついてきたら、クレソンと搾菜を加えて混ぜ、塩で味をととのえて器に盛る。

トマトとベーコンの花椒風味おこわ ｜Recipe＿P.77

きのこたっぷり豆豉おこわ ｜Recipe＿P.77

75

牛肉と青菜の黒こしょうおこわ

米ともち米を半々にしているので100％もち米より軽いおこわ。
牛肉は下味をつけているのでしっかり味がついています。

材料と作り方 2人分

米…1合
もち米…1合
水…1と½カップ
牛切り落とし肉…150g

調味液（混ぜ合わせる）

A
しょうゆ…大さじ1と½
紹興酒（ショウコウシュ）…大さじ1
オイスターソース…大さじ1
塩…小さじ½

小松菜…1束
塩…小さじ⅓
粗びき黒こしょう…小さじ1

1 ボウルに米ともち米を入れていっしょに洗い、分量の水を加えて冷蔵庫で30分浸水させる。

2 牛肉はAをもみ込み 、小松菜は小口切りにして塩をまぶし、10分おいて水気を絞る 。

3 鍋に**1**を移し入れて牛肉を加え、蓋をして中火にかける。沸騰したら弱火にして10分、火を止めて15分蒸らし、小松菜、粗びき黒こしょうを加えて混ぜる。

トマトとベーコンの花椒風味おこわ

ベーコンの旨みが
米に染み渡って
風味豊かなおこわ。
中華風と洋風がタッグを組んで、
大人でも子供でも
大好きな味わいです。

材料と作り方　2人分

米…1合
もち米…1合
水…1と½カップ
トマト…1個
厚切りベーコン
　（5mm角に切る）…80g
にんにく（みじん切り）…1かけ
A 酒…大さじ
　　ナンプラー…大さじ1
花椒（ミルで粉状に）…適量

1 ボウルに米ともち米を入れていっしょに洗い、分量の水を加えて冷蔵庫で30分浸水させる。トマトはヘタを除いて十字に切り込みを入れる。

2 鍋に**1**の米を移し入れてベーコンとトマト、にんにく、**A**を加え、蓋をして中火にかける。沸騰したら弱火にして10分、火を止めて15分蒸らし、花椒粉を加えて混ぜる。

きのこたっぷり豆鼓おこわ

きのこから出る旨みたっぷりの
エキスが米に染み込み、
エリンギの歯ごたえも
楽しめます。
隠し味の豆鼓が味のまとめ役。

材料と作り方　2人分

米…1合
もち米…1合
水…1と½カップ
生しいたけ
　（石づきを取って薄切り）…4個
しめじ（ほぐす）…1パック
エリンギ（1cm角に切る）…2本
調味液（混ぜ合わせる）
　　みそ…大さじ1と½
A しょうゆ　大さじ1
　　酒…大さじ1
豆鼓（粗みじん切り）…大さじ1

1 ボウルに米ともち米を入れていっしょに洗い、分量の水を加えて冷蔵庫で30分浸水させる。

2 鍋に**1**を移し入れてきのこ類、**A**、豆鼓を加えて蓋をし、中火にかける。沸騰したら弱火にして10分、火を止めて15分蒸らし、混ぜる。

「絶品！食べるラー油」

具材がたっぷり入った食べるラー油。
じっくり火を入れて具材の旨みを油に引き出しましょう。
アツアツのご飯にかけるだけでもおいしく、シュウマイのたれや炒め物、
蒸し野菜などにかけてもOK。一度食べたらやみつき間違いなしです。

材料と作り方　作りやすい分量

A	赤唐辛子（韓国産粗びき） 　…大さじ3
	白いりごま…大さじ1
	フライドオニオン（市販・ 　粗みじん切り）…20g
	ピーナッツ（粗みじん切り）…20g
	みそ…大さじ2
	にんにく（みじん切り）…2かけ
	干し桜えび（粗みじん切り）…5g

油（混ぜ合わせる）

| B | 米油…½カップ |
| | ごま油…¼カップ |

1 鍋にAを入れてよく混ぜ、Bを少しずつ加えてよく混ぜる**ⓐ**。弱火にかけ、泡が出てきたら焦げつかないように絶えず混ぜながら10分ほど加熱する。火を止めてそのまま冷まし、完全に冷めたら密閉容器に入れる**ⓑ**。

＊煮沸消毒した密閉容器に入れて常温で2週間保存可能。

第三章 スープ編

さっぱり味からクリーミーな味わいまで味のバラエティが豊富なスープ。食欲がないときや夜食にぴったり。しかも2〜3Stepで簡単にできるので手軽に作っていただけます。体が温まって旨みもたっぷり。和風や洋風のようで、中華味も感じられる今井流お家中華のスープ編。大人も子供も楽しめます。

トマトと卵の酸辣湯（サンラータン）

酸味がきいたさっぱり味の飲みやすいスープ。
鶏肉の茶色いアクをしっかり取っておくと
すっきりとした味に仕上がります。

材料と作り方　2人分

鶏ももひき肉…100g
水…2カップ
酒…大さじ1
トマト（2cm角に切る）…1個
A｜しょうゆ…大さじ1
　｜塩…小さじ⅓
卵（溶きほぐす）…2個
酢…大さじ1
白こしょう…小さじ¼
ラー油…適量

1 鍋に分量の水、酒、ひき肉を入れて中火にかけ、混ぜながら沸騰させる。アクを取り除いて 、10分煮る。

2 トマトとAを加えてさっと煮る。卵を回し入れて火を通し、酢、白こしょう、ラー油を加えてひと混ぜする。

にんじんポタージュ｜Recipe＿P.86

ごぼうのポタージュ｜Recipe＿P.87

にんじんポタージュ

ねぎ油の香りが鼻に抜け、にんじんの甘みが口いっぱいに広がります。
にんじんは皮ごと入れて風味をアップ。
揚げねぎのトッピングがアクセントです。

材料と作り方　2人分

長ねぎ（縦半分に切って
　　斜め薄切り）…½本
米油…½カップ
にんじん
　（皮ごと1cm幅の輪切り）…2本
玉ねぎ（薄切り）…¼個

調味液（混ぜ合わせる）

A │ 水…2カップ
　│ 鶏ガラスープの素（顆粒）
　│ 　　…小さじ½
　│ 酒…小さじ2

塩…小さじ⅓

1 鍋に米油と長ねぎを入れて弱めの中火にかけ、濃いきつね色になってカリッとしてきたら、ボウルにざるをのせてこす。

＊ざるの揚げねぎはトッピング用。ボウルの油はねぎ油として利用可能。炒め物やチャーハン、ラーメンなどにかけると風味が増しておいしい。

2 1の鍋ににんじんと玉ねぎを入れてさっと炒め、Aを加える。沸騰したら蓋をし、弱火で20分煮る。

3 ハンディブレンダー（またはミキサー）でなめらかになるまで撹拌し、弱火にかける。塩で味をととのえて器に盛り、1の揚げねぎとねぎ油をお好みでかける。

ごぼうのポタージュ

長いもでとろみを出した
クリーミーなスープ。
ごぼう本来の素朴な味を
楽しみましょう。
バターでコクもプラスしました。

材料と作り方　2人分

ごぼう（よく洗って泥を落とし、
　1cm幅に切る）…1本
長いも（皮をむいて
　1cm幅の輪切り）…100g
玉ねぎ（薄切り）…¼個
ごま油…小さじ2
水…1カップ
牛乳…1カップ
バター…10g
塩…小さじ⅓
香菜（シャンツァイ）（みじん切り）…2枝

1 鍋にごま油を中火で熱し、ごぼう、長いも、玉ねぎを入れてさっと炒め、分量の水を加える。沸騰したら蓋をして弱火で20分煮る。

2 ハンディブレンダー（またはミキサー）でなめらかになるまで撹拌し、牛乳とバターを加え、弱火にかけて塩で味をととのえ、香菜を加えて混ぜ、器に盛る。

コーンスープ

ねぎの風味が口の中に
ふわっと広がります。
コーンの食感もしっかり。
とうもろこしが旬の時期は
生のコーンでぜひ！

材料と作り方　2人分

コーンクリーム缶…1缶（160g）
ごま油…大さじ1
にんにく（みじん切り）…½かけ
長ねぎ（縦半分に切って
　斜め薄切り）…½本
水…1カップ

水溶き片栗粉

A ｜ 片栗粉…小さじ2
　　 水…大さじ1

卵（溶きほぐす）…1個
塩…小さじ⅓

1 鍋にごま油とにんにくを入れて中火にかけ、色づいたらコーンクリーム缶、長ねぎ、分量の水を加えて混ぜ、3分煮る。

2 Aを回しかけてとろみをつけ、溶き卵を箸に沿わせて回し入れ、ひと煮立ちさせて混ぜ、塩で味をととのえて器に盛る。

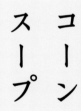

鶏肉と干ししいたけのスープ

材料と作り方　2人分

鶏ももぶつ切り肉（水炊き用）
　…200g
水…2カップ
干ししいたけ（水で戻し、
　斜め3等分に切る）…4枚
しょうがの薄切り（せん切り）…2枚分

調味液（混ぜ合わせる）
　　しいたけの戻し汁…¼カップ
A　酒…大さじ2
　　塩…小さじ½

長ねぎ（1cm幅の斜め切り）…1本
春雨…30g

1 鍋に鶏肉と分量の水を入れて @、中火にかけ、沸騰したらアクを取り除いて、干ししいたけとしょうが、A を加えて ⓑ、蓋をし、弱火で30〜40分煮る。

2 長ねぎと春雨を加えてさらに5分ほど煮て、器に盛る。

鶏肉ときのこの旨みを春雨がしっかり吸い込んで美味。
干ししいたけの戻し汁を使うことで、旨みと風味がぐっと増します。

豚スペアリブとれんこんのスープ

材料と作り方　2人分

豚スペアリブ（縦に切り込みを入れる）
　…5～6本（約250g）
ごま油…大さじ1
にんにく（薄切り）…1かけ
しょうが（薄切り）…1かけ
れんこん（皮をむいて乱切り）…250g
水…3カップ

調味液（混ぜ合わせる）

A	しょうゆ…大さじ1
	紹興酒（ショウコウシュ）…大さじ1
	砂糖…小さじ1

塩…適量

1 鍋にごま油を中火で熱して豚肉を入れ、動かしながら焼いて焼き色がついたら、にんにく、しょうが、れんこんを加えて❷、さっと炒める。

2 分量の水を加え、沸騰したらアクを取り除いてAを加える。蓋をして弱火で30～40分煮て、塩で味をととのえる。

ごろごろの具を食べるスープ。煮ることでれんこんがほっくり。
スープには肉の旨みが溶け出し、れんこんと相まって滋味深い味わいです。

クミン薫るミネストローネ

野菜の旨みと最小限の調味料でやさしい味のスープ。
色味もさわやかで食欲をそそります。
それぞれの野菜の大きさをそろえて切るのがポイントです。

材料と作り方　2人分

ベーコン（粗みじん切り）…2枚
にんにく（みじん切り）…1かけ
ごま油…大さじ1
クミンシード…小さじ½
玉ねぎ（7〜8mm角に切る）…½個
セロリ（7〜8mm角に切る）…1本
にんじん（7〜8mm角に切る）…½本
ズッキーニ（7〜8mm角に切る）…½本
塩ⓐ…少々
トマト（1cm角に切る）…1個
酒…大さじ1
水…½カップ
塩ⓑ…小さじ⅓

1 鍋にベーコン、にんにく、ごま油、クミンシードを入れて中火で熱し、全体が色づいてきたら、玉ねぎ、セロリ、にんじん、ズッキーニを加えて塩ⓐを加え、焦がさないように10分ほど炒める❶。

2 トマト、酒、分量の水を加え、沸騰したら蓋をして5分煮て塩ⓑで味をととのえ、器に盛る。

サーモンと搾菜_{ザーサイ}のチャウダー

シチューのようなクリーミーなスープ。
いろいろな具材がたっぷり入って体が温まります。
オイスターソースが味の引き締め役。

材料と作り方　2人分

鮭の切り身（甘塩）…2切れ
オリーブ油…大さじ1
かぼちゃ（2cm角に切る）…150g
玉ねぎ（薄切り）…½個
しめじ（ほぐす）…½パック
味つき搾菜（市販・みじん切り）…30g
小麦粉…大さじ2

調味液（混ぜ合わせる）

A　牛乳…1と½カップ
　　生クリーム…¼カップ
　　オイスターソース…小さじ1

バター…10g
塩…適量

1 鍋にオリーブ油を中火で熱し、鮭を入れて焼き色がつくまで焼き **a**、身をほぐす。かぼちゃ、玉ねぎ、しめじ、搾菜を加えてさっと炒め、小麦粉を加えて **b**、粉気がなくなるまで炒める **c**。

2 Aを数回に分けて加え、その都度よく混ぜる。沸騰したら蓋をし、ときどき混ぜながら弱火で7〜8分煮る。仕上げにバターを加えてひと混ぜし、塩で味をととのえる。

この本で使った調味料のこと

調味料は味の決め手になります。基本の調味料は普段使っているもので大丈夫です。中華調味料はどれもスーパーマーケットなどで手に入るものばかり。残りやすいものもありますが、香りの高いものはなるべく早く使い切るようにしましょう。

◎ 酢
甘味があって酸味とのバランスがよいもの。私は「千鳥酢」を愛用。

◎ しょうゆ（濃口）
いつも使っているものでOKですが、有機のものがおすすめ。

◎ ごま油
焙煎をしっかりしたものと、浅めのものがある。お好みで。

◎ 酒
日本酒であれば安いものでもよい。

◎ 塩
旨みのある天日塩を使用。最近は種類も多いので好きな味を探しても。

◎ 砂糖
上白糖を使用。きび糖でもよい。

◎ 五香粉（ウーシャンフェン）
中国ではウーシャンフェンという。5つ以上の香辛料が入ったミックススパイスで料理の香りづけに使う。

◎ 花椒（ホアジャオ）
香りが命なので粒を買ってきて、ミルやすり鉢で挽き立てを使って。

◎ 豆鼓（トウチ）
黒大豆を発酵させているので、料理に深い味と香りをプラスする。

◎ オイスターソース
旨みの宝庫。和洋中のジャンル問わず、隠し味として優秀な調味料。

◎ 豆板醤（トウバンジャン）
辛さを増やしたいときに使う。塩気が強いので少しずつ加えて調整を。

◎ 甜麺醤（テンメンジャン）
まろやかな甘味とコクがあって味に深みが出る。

◎ 紹興酒（ショウコウシュ）
旨み、酸味、香りの3拍子がそろって豊かな味わい。

◎ 黒酢
本書では熟成した旨みと、香りの濃い中国の香醋（コウズ）を使用。

今井 亮
（いまい りょう）

中華料理をはじめ、家庭料理を得意とする料理家。京都府京丹後市の大自然に囲まれた地に生まれる。京都市内、東京の中華料理店で修行を積み、料理家などのアシスタントを経て独立。身近な食材に小ワザをきかせて、お店のような味を簡単に作れるレシピに人気があり、幅広い年代から支持を得る。料理雑誌、書籍、テレビ、料理教室など幅広く活動し、1女の父としても家事、育児に奮闘。著書に『炒めない炒めもの』『白飯サラダ』（共に主婦と生活社）、『旬中華』（グラフィック社）など多数。

◎ アートディレクション・デザイン
小橋太郎（Yep）

◎ 撮影
福田喜一

◎ スタイリング
岩﨑牧子

◎ 料理アシスタント
玉利紗綾香
杳澤佐紀
鈴木萌夏

◎ 企画・編集
小橋美津子（Yep）

◎ 編集
小林秀美（SDP）
鈴木佐和（SDP）

◎ 営業
武知秀典（SDP）
野辺澤香（SDP）

◎ 宣伝
藤井愛子（SDP）

◎ 撮影協力
ストウブ（ツヴィリング J.A. ヘンケルスジャパン）
カスタマーサービスお問合せページ
☎ 0120-75-7155
https://www.zwilling.com/jp/staub/

デニオ総合研究所
03-6450-5711

ストウブでお家中華

発　行　2024年2月3日　初版 第1刷発行

著　者　今井 亮
発行者　細野義朗
発行所　株式会社SDP
　　　　〒150-0022　東京都渋谷区恵比寿南1-9-6
　　　　TEL　03(5724)3975（第2編集）
　　　　TEL　03(5724)3963（出版営業ユニット）
　　　　ホームページ　http://www.stardustpictures.co.jp
印刷製本　TOPPAN株式会社

ISBN 978-4-910528-47-2
©2024 SDP　Printed in Japan